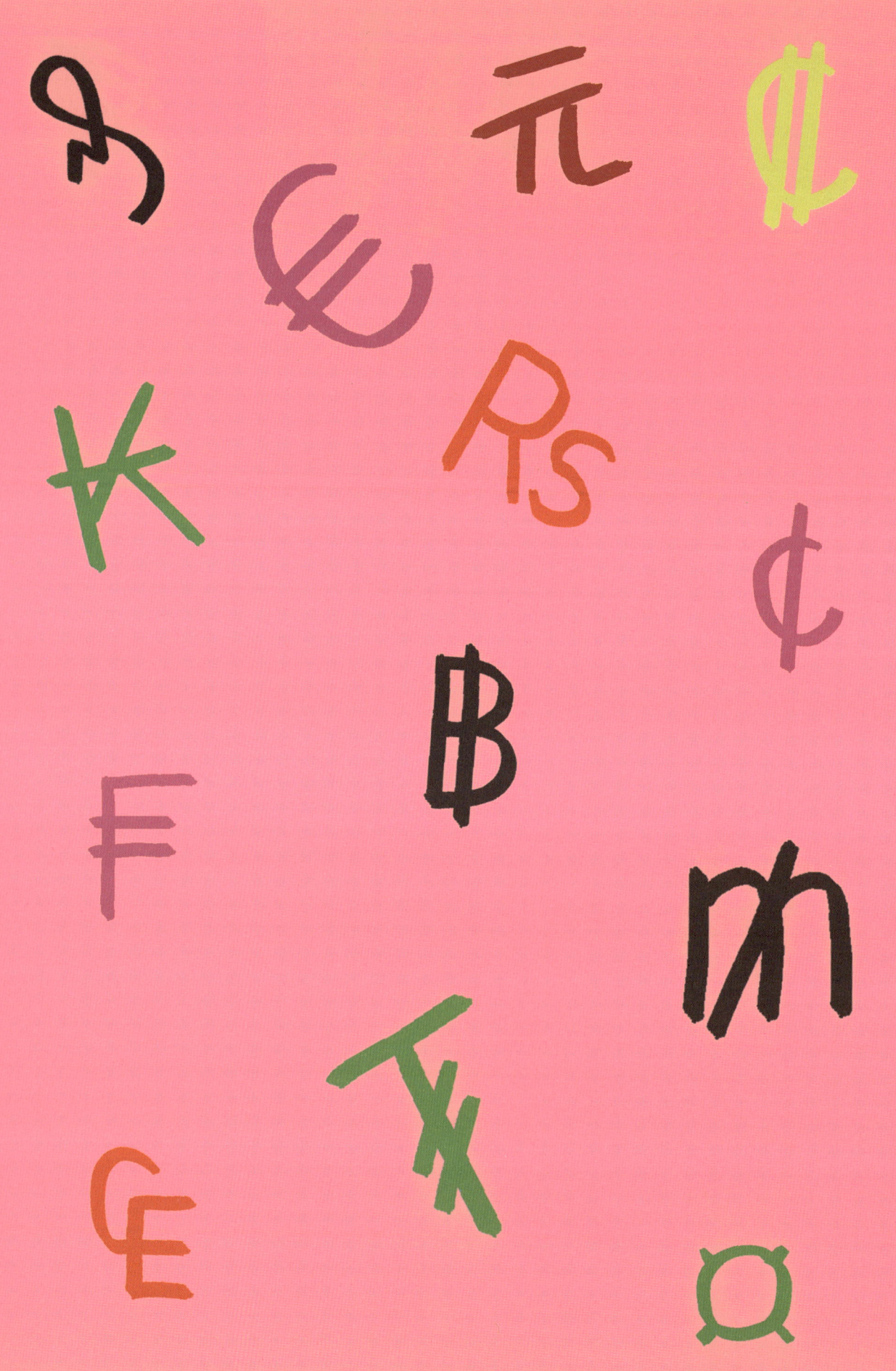

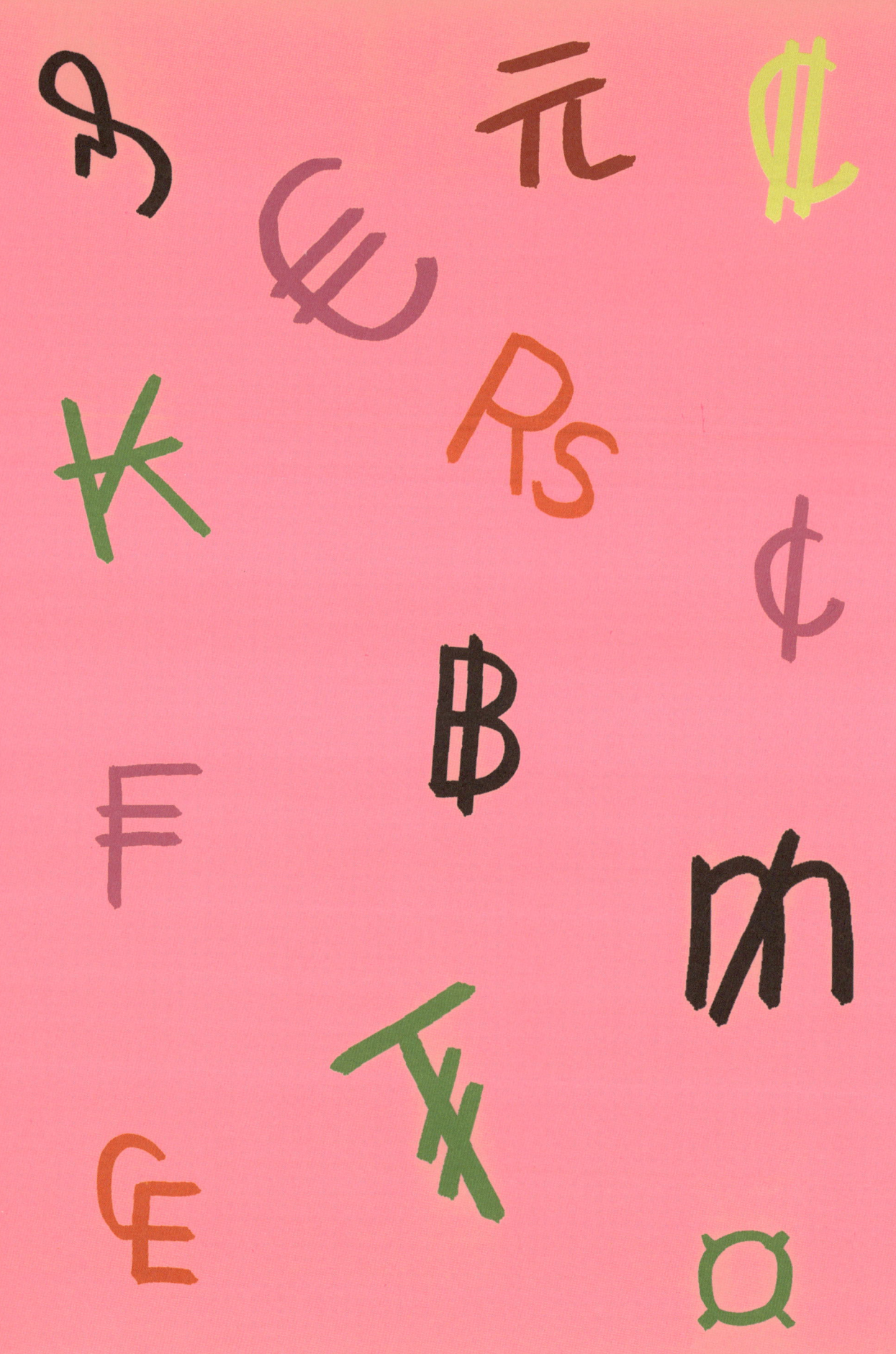

맨큐의 주니어 경제클럽

Mankiw's Economic Graphic Book for Kids, Volume 1

N. Gregory Mankiw

© 2023 Cengage Learning Korea Ltd. ALL RIGHTS RESERVED.

Original edition © 2021 South Western, a part of Cengage Learning
Principles of Economics, 9th Edition, by N. Gregory Mankiw
ISBN: 9780357038314

This edition is adapted and translated by license from South Western, a part of Cengage Learning, for sale in Korea only.

No part of this work covered by the copyright herein may be reproduced or distributed in any form or by any means, except as permitted by U.S. copyright law, without the prior written permission of the copyright owner.

For permission to use material from this text or product, email to
asia.infokorea@cengage.com

ISBN: 979-11-891682-9-2

Cengage Learning Korea Ltd.
14F YTN Newsquare 76 Sangamsan-ro
Mapo-gu Seoul 03926 Korea
Tel: (82) 2 330 7000
Fax: (82) 2 330 7001

Cengage is a leading provider of customized learning solutions with employees residing in nearly 40 different countries and sales in more than 125 countries around the world. Find your local representative at:
www.cengage.com.

To learn more about Cengage Solutions, visit **www.cengageasia.com**.

Every effort has been made to trace all sources and copyright holders of news articles, figures and information in this book before publication, but if any have been inadvertently overlooked, the publisher will ensure that full credit is given at the earliest opportunity.

Printed in Korea
Print Number: 01   Print Year: 2022

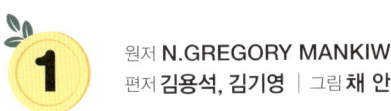

원저 **N.GREGORY MANKIW**
편저 **김용석, 김기영** | 그림 **채 안**

Australia • Brazil • Canada • Mexico • Singapore • United Kingdom • United States

차례

경제학이란? ... 6

1장 | 모든 선택에는 대가가 있다

1화 모든 선택에는 대가가 있다 ... 14
경제플러스 | 재화와 서비스

2화 세상에 공짜 점심은 없다 ... 26
경제플러스 | 생산, 소비, 경제의 순환

3화 슬기로운 소비생활 ... 36
경제플러스 | 청소년의 용돈관리

4화 대포냐 버터냐 ... 48
경제플러스 | 제2차 세계대전과 냉전

5화 효율성과 형평성 간의 선택 ... 60
경제플러스 | 사회보장제도

6화 아르헨티나의 선택 ... 70
경제플러스 | 재정

7화 고교평준화 논쟁 ... 78
경제플러스 | 핀란드의 차별 교육

맨큐 쌤의 노트 | 맨큐 쌤의 연습문제 | 정답

2장 | 선택의 대가는 그것을 얻기 위해 포기한 그 무엇이다!

8화 선택의 대가는 그것을 얻기 위해 포기한
그 무엇이다! … 94
경제플러스 | 고등교육 이수율

9화 기회비용의 계산법 … 102
경제플러스 | 총수입, 총비용, 이윤

10화 메이저리그에 대학 졸업자가 적은 이유 … 110
경제플러스 | 야구와 통계

11화 주택 임대료와 통근 기회비용 … 118
경제플러스 | 인구주택총조사

12화 벤저민 프랭클린의 시간 … 128
경제플러스 | 시간의 중요성

13화 깨진 유리창 이야기 … 138
경제플러스 | 경제주체

14화 아이젠하워가 생각하는 전쟁의 기회비용 … 144
경제플러스 | 대기만성

맨큐 쌤의 노트 | 맨큐 쌤의 연습문제 | 정답

3장 | 인물탐구

애덤 스미스 … 161

부록

화폐세계지도 … 176

경제학이란?

ECONOMY

'경제'를 의미하는 economy라는 단어는

원래 '집안 살림하는 사람'이라는 의미의 'oiko nomos'라는 그리스어에서 유래했다고 해요.

OIKO NOMOS

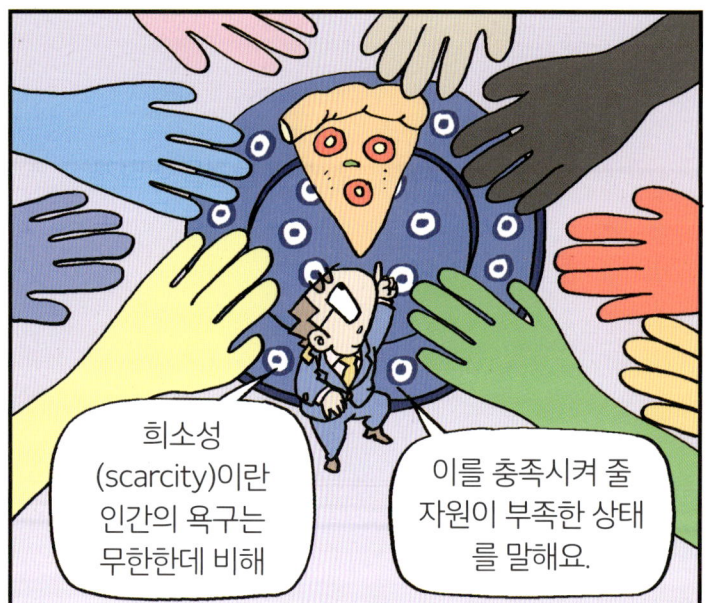

1장

모든 선택에는 대가가 있다

1화 모든 선택에는 대가가 있다.

2화 세상에 공짜 점심은 없다.

3화 슬기로운 소비생활

4화 대포냐 버터냐

5화 효율성과 형평성 간의 선택

6화 아르헨티나의 선택

7화 고교 평준화 논쟁

맨큐 쌤의 노트 | 맨큐 쌤의 연습문제 | 정답

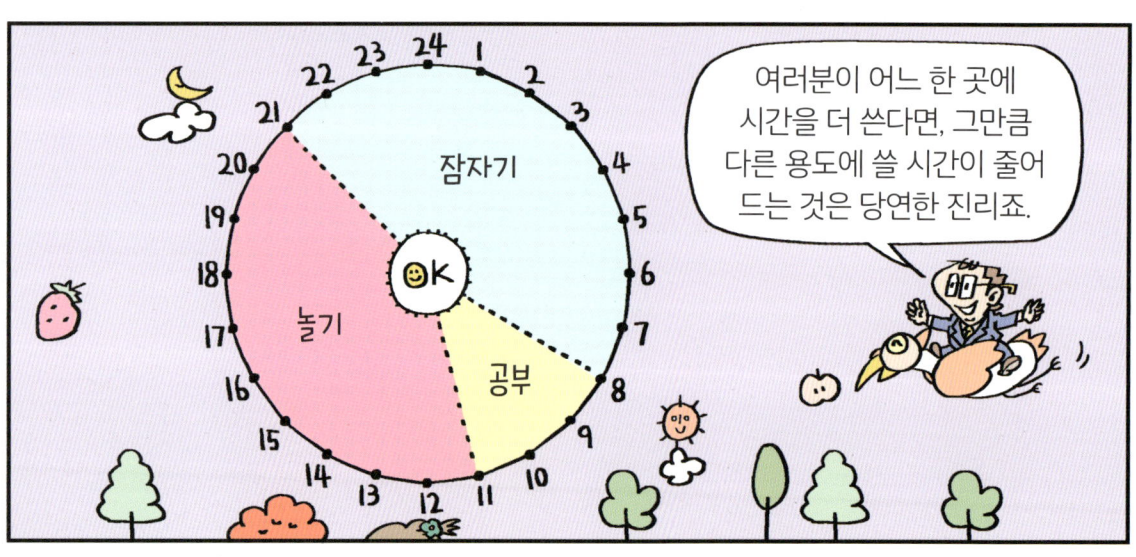

경제 플러스 — 재화와 서비스

● 재화

재화는 사람이 바라는 바를 만족시키는 형태가 있는 물건을 뜻해요.
한자로는 '財貨'라고 쓴답니다.
財는 '재물'이라는 뜻을 가지고 있어요.
그리고 貨 역시 '재물' 또는 '물품'이라는 뜻이 있죠.
영어로는 'goods'라고 한답니다.

■ 우리가 사용하는 재화에는 무엇이 있을까요?

옷   휴대폰   가전제품   　　 집

서비스

서비스는 형태는 없으면서 인간의 만족을 충족시켜 주는 사람들의 활동이나 작용을 말해요. '용역'이라고도 부르죠.
용역은 한자로 '用役'이라고 쓴답니다.
用은 '(사람 등을) 쓰다' 또는 '부리다'라는 뜻이에요.
役은 '일을 시키다' 또는 '부리다'라는 뜻이 있죠.
영어로는 'service'라고 해요.

우리가 사용하는 서비스에는 무엇이 있을까요?

1 버스 기사가 운전하여 승객을 이동시키는 것
2 병원에서 의사가 병을 치료하는 것
3 학교에서 선생님이 공부를 가르치는 것

● **재화와 서비스의 구분**

우리에게 만족을 주는 것들 중에 재화와 서비스로
엄격하게 구분되지 않는 것도 많아요.
여러분이 식당에서 제공받는 음식은 재화와 서비스 둘 다가 섞여 있죠.
이럴 땐 어느 쪽에 더 가까운지로 판단해요.
식당에서 제공하는 음식은 일반적으로 서비스라 불러요.

즐거운 외식

QUIZ!
여러분들이 이용하는 유튜브 시청은 재화일까요? 서비스일까요?
A 유튜브 시청은 형태가 없으므로 서비스에 해당해요.

2화

세상에 공짜 점심은 없다.

'세상에 공짜 점심은 없다'라는 속담은 미국 서부개척시대의 한 술집에서 유래된 말이에요.

이 가게는 낮에는 식당을 하고 밤에는 술집을 운영했답니다.

그런데 어느 순간부터 손님이 점점 줄기 시작했어요.

경제 플러스

생산, 소비, 경제의 순환

● 생산

사람들이 소비하는 재화와 서비스를 만드는 것을 '생산'이라고 불러요. 생산은 한자로 '生産'이라고 쓰죠. 生은 '(사람이나 동물이) 태어나다'라는 뜻이 있어요. 그리고 産 역시 '태어나다 또는 만들다'라는 뜻이 있어요. 영어로는 'produce'라고 한답니다.

그리고 생산을 담당하는 사람이나 집단을 '생산자'라고 불러요. 기업이 대표적인 생산자랍니다. 동네 음식점 같이 작은 기업이나 삼성전자 같이 큰 기업도 모두 생산자라 부르죠.

경제학에서는 기업을 '생산의 주체'라고 불러요.

기업의 규모는 다양해요

● 소비

생산의 주체인 기업이 만든 재화나 서비스를 사람들이 구입하여 사용하는 것을 '소비'라고 불러요.

소비는 한자로 '消費'라고 쓰죠. 消는 '사라지다'라는 의미가 있어요. 그리고 費는 '(물건이나 돈을) 쓰다'라는 뜻이 있죠. 영어로는 'consumption'이라고 한답니다. 재화와 서비스를 소비하는 사람을 '소비자'라고 불러요. 경제학에서는 한 가족을 구성하는 여러분, 여러분의 부모님 그리고 여러분의 형제자매들 모두를 일컬어 '가계'라고 부른답니다. 가계는 '소비의 주체'가 되죠.

◐ 쇼핑은 즐거워

경제의 순환

경제학에서는 기업이 재화나 서비스를 생산하고 이것을 가계가 소비한다고 가정하죠. 그리고 가계는 재화나 서비스의 대가를 기업에게 지급한답니다. 그렇다면 가계는 무슨 돈으로 재화나 서비스를 구입할까요? 여러분의 부모님은 기업에 노동을 제공하고 그에 대한 대가를 받는데, 이 돈으로 가계는 소비를 한답니다.

기업과 가계는 서로를 의지하며 경제생활을 이어나가죠. 아래의 그림처럼 경제는 순환하면서 돌아간답니다.
이것을 '경제의 순환'이라고 불러요.

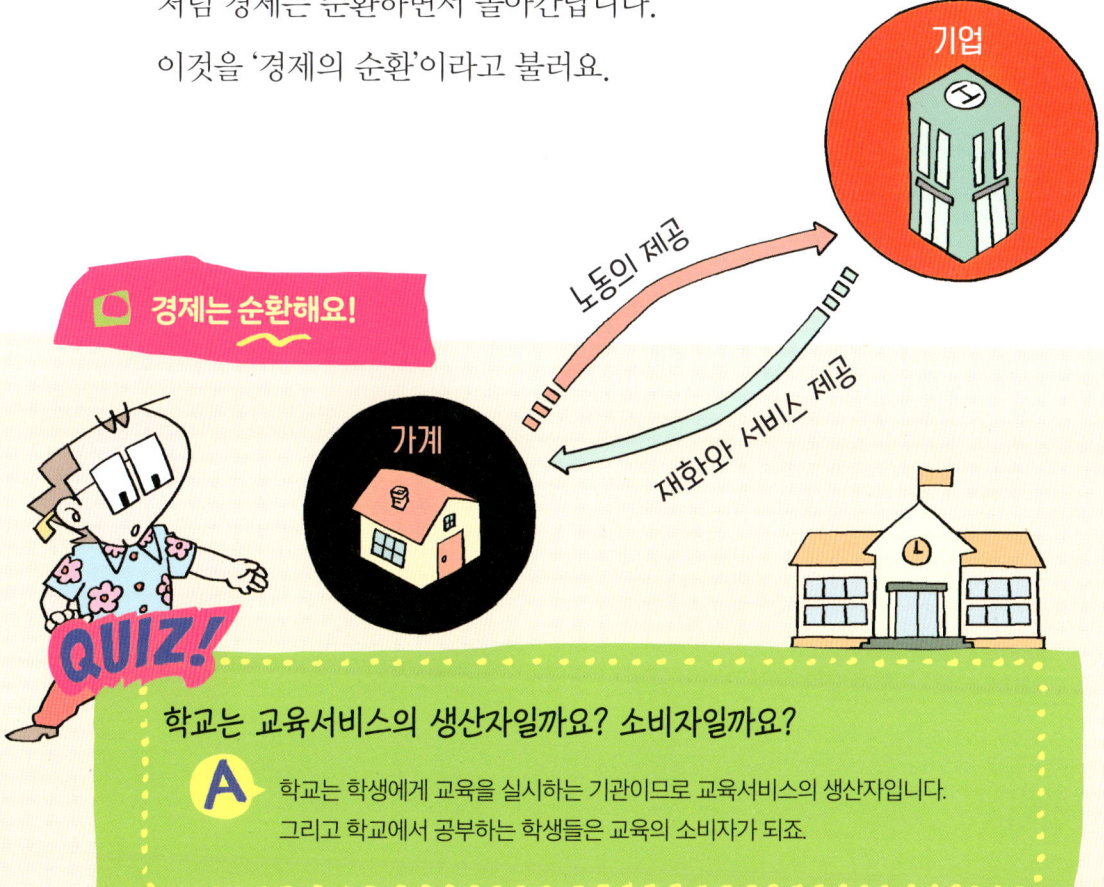

경제는 순환해요!

QUIZ!
학교는 교육서비스의 생산자일까요? 소비자일까요?

A 학교는 학생에게 교육을 실시하는 기관이므로 교육서비스의 생산자입니다. 그리고 학교에서 공부하는 학생들은 교육의 소비자가 되죠.

3화
슬기로운 소비생활!

여러분은 '등골 브레이커'라는 말을 들어본 적이 있나요?

이 말은 '부모의 등골을 휘게 할 만큼 비싼 상품'

또는 '명품을 사기 위해 부모의 등골을 휘게 할 정도로 철없는 자식'을 뜻하는 말이에요.

일본에서는 '란도셀'이란 초등학생용 가방이 선풍적인 인기를 끈 적이 있었죠.

그 인기는 한국까지 옮겨 붙었답니다.

소득에 비하여 소비가 지나치게 많은 경우를 과소비라고 말해요.

여러분은 이러한 과소비에 대해서 어떻게 생각하나요?

과소비는 '사치 또는 낭비'라고도 부릅니다.

과소비는 가계의 경제생활을 불안정하게 하죠.

그렇다면 사람들은 왜 과소비를 할까요?

첫 번째 원인은 지나친 과시욕구 때문이에요.

경제 플러스

청소년의 용돈관리

● 백분율의 이해

경제그래프를 이해하기 위해서는 먼저 백분율에 대해 아는 것이 중요해요. 대부분의 경제그래프가 백분율로 표시되기 때문이죠. 백분율은 기준량을 100으로 할 때 비교되는 양이 그중 몇이 되는지를 나타내는 비율이에요. 기호는 '%(퍼센트)'로 표시해요.

예를 들어 '학생 중 74%가 그 영화를 보았다'라는 의미는 100명의 학생이 있다고 했을 때 74명이 그 영화를 보았다는 뜻이 되죠. 만약 전체 학생이 100명이 아닌 그 두 배인 200명이라면 영화를 본 학생의 수 역시 74명의 두 배인 148명이 된답니다.

▫ 영화도 보고 팝콘도 먹고!

백분율을 구하는 공식은 다음과 같아요.

$$백분율 = \frac{일부값}{전체값} \times 100$$

앞의 상황을 공식에 대입해보면 다음과 같아요.

$$\frac{74명}{100명} \times 100 = 74\%$$

$$\frac{148명}{200명} \times 100 = 74\%$$

이번에는 체험학습에 참가한 학생(전체값)이 50명이고, 이 중 안경을 쓴 학생(일부값)이 21명이라면 체험학습에 참가한 학생 중 안경 쓴 비율은 다음과 같이 나와요.

$$백분율 = \frac{21명}{50명} \times 100 = 42\%$$

신나는 체험학습!

다음의 내용도 퍼센트로 계산해보죠.

어느 과일 가게에서 정가가 8,000원인 사과를 6,400원에 할인하여 팔고 있다면 이 사과의 <mark>할인율</mark>은 다음과 같아요.

이 경우에는 전체값이 정가 8,000원이 되죠.

그리고 일부값은 할인금액 1,600원(= 8,000원 − 6,400원)이 된답니다.

따라서 백분율은 다음과 같이 나오죠.

$$백분율 = \frac{1,600원}{8,000원} \times 100 = 20\%$$

QUIZ!

학급 대표를 뽑는 선거에서 영석이는 반 30명이 투표하여 18표를 얻었습니다. 영석이의 득표율은 몇%인가요?

A 이 경우 전체값은 총 투표한 수인 30표가 되고 일부값은 영석이가 득표한 수인 18표가 되죠. 따라서 백분율은 다음과 같이 나와요.

$$백분율 = \frac{18표}{30표} \times 100 = 60\%$$

● 청소년의 용돈관리

여러분의 경제활동은 경제그래프로 요약할 수 있어요. 대부분의 학생들은 용돈을 받아 지출을 하죠. 다음은 '스마트학생복'이 초·중·고교생 총 287명을 대상으로 설문조사를 한 내용을 요약한 것입니다.
우선 전체 응답자 중 약 79.1%의 청소년들이 부모님께 용돈을 받아 생활한다고 말했죠.
다음은 동일한 학생을 대상으로 조사한 용돈의 규모, 빈도 그리고 지출에 대한 결과를 원그래프로 표시한 것입니다.

◘ 일주일에 받는 용돈이 어느 정도인가요?(응답인원 : 228명)

◆ 주 1~3만원 : 47.8%(109명)
◆ 주 1만원 이하 : 27.6%(63명)
◆ 주 3~5만원 : 15.4%(35명)
◆ 주 5~10만원 : 7.9%(18명)
◆ 주 10만원 이상 : 1.3%(3명)

◘ 얼마나 자주 용돈을 받고 있나요?(응답인원 : 227명)

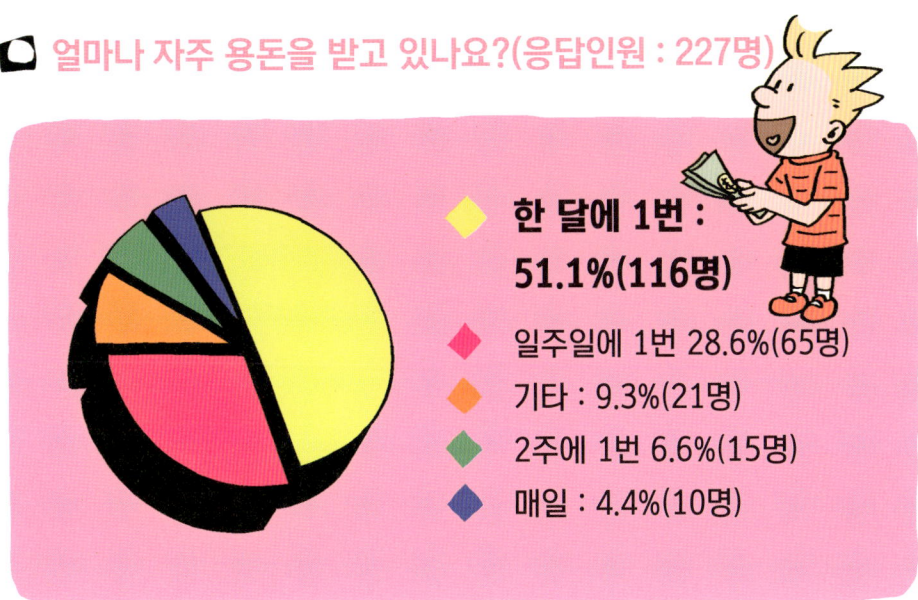

◆ 한 달에 1번 : 51.1%(116명)
◆ 일주일에 1번 28.6%(65명)
◆ 기타 : 9.3%(21명)
◆ 2주에 1번 6.6%(15명)
◆ 매일 : 4.4%(10명)

◘ 마지막으로 가장 많이 지출하는 항목에 대한 결과입니다.

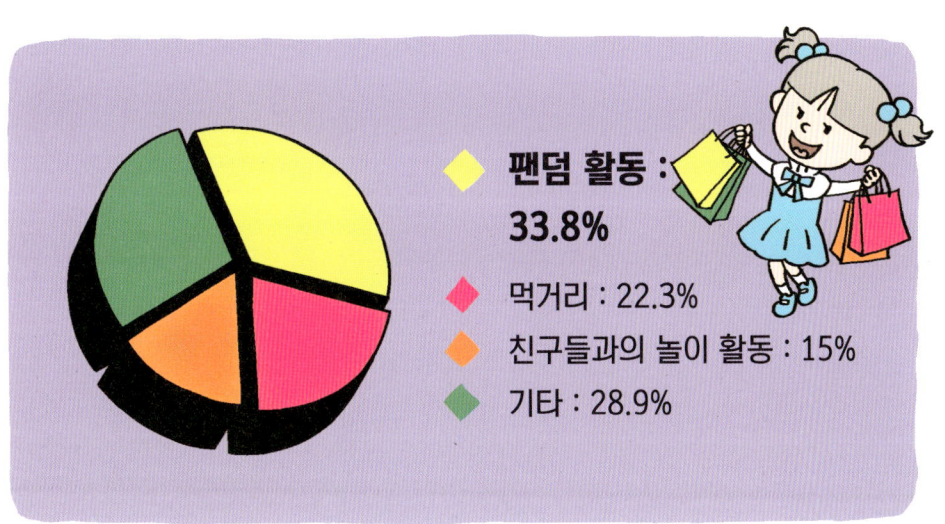

◆ 팬덤 활동 : 33.8%
◆ 먹거리 : 22.3%
◆ 친구들과의 놀이 활동 : 15%
◆ 기타 : 28.9%

팬덤이란 가수, 배우, 운동선수 등 유명인이나 특정 분야를 지나치게 좋아하는 팬을 의미합니다. 여러분이 BTS의 음원을 구입하여 용돈을 사용하는 것이 팬덤활동으로 인한 지출입니다.

출처 : 스마트학생복

# 4화

대포냐 버터냐

여러분 개개인이 다양한 선택에 직면하는 것처럼 우리 사회도 많은 선택에서 고민을 하죠.

사회의 선택 중 가장 유명한 것이 '대포냐 버터냐' 논쟁이에요.

이 논쟁은 영국에서 제일 먼저 시작되었죠.

1950년대 초에 영국 정부가 정부지출에서 군사비를 늘리고 사회보장비를 줄이면서 이 논쟁은 불붙기 시작했답니다.

UNITED KINGDOM

추축국(樞軸國, Axis powers)은 제2차 세계대전 당시 나치 독일, 이탈리아 왕국, 일본 제국을 중심으로 침략 전쟁을 일으킨 진영을 말해요.

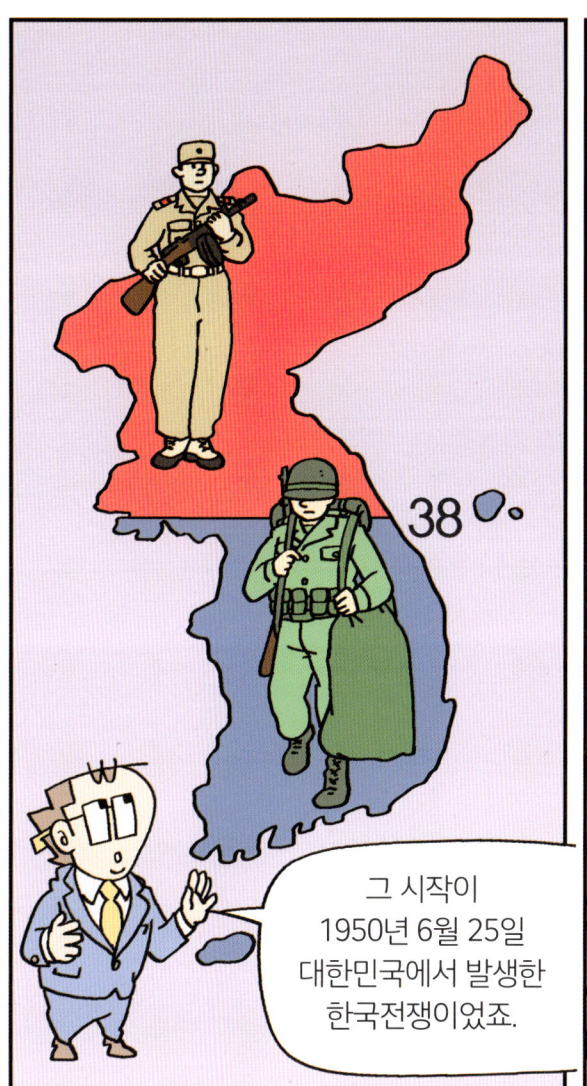

제2차 세계대전과 냉전

● 제2차 세계대전

제2차 세계대전(World War II)은 세계의 많은 국가들이 두 개의 진영으로 나뉘어 싸운 전쟁이에요. 그 시작은 1939년 9월 1일로 봐요. 이날에 독일이 옆에 있는 나라 폴란드를 침공했어요. 이에 맞서 영국과 프랑스는 독일에 선전포고를 했답니다. 그렇게 시작된 전쟁은 거의 6년이 지난 1945년 8월 15일이 되어서야 일본의 항복으로 끝나게 되었죠.

먼저 침략을 한 독일, 이탈리아 그리고 일본을 '추축국'이라고 부른답니다.

제2차 세계대전 추축국의 지도자들

독일	이탈리아	일본
아돌프 히틀러	베니토 무솔리니	쇼와 히로히토

이에 맞선 영국, 프랑스, 미국, 소련 그리고 중국 등을 '연합국'이라고 불러요.

20세기에 접어들면서 인류는 과학 문명이 고도로 발전하게 되었죠. 이 문명은 군사 무기 개발에도 그대로 적용되었답니다. 제2차 세계대전은 현대의 과학 문명이 본격적으로 활용되었던 최초의 전쟁이었죠. 그 결과 이 전쟁은 인류 역사에서 가장 큰 인명과 재산 피해를 낳은 것으로 조사되었어요. 유럽은 폐허가 되었고 무려 5천만 명이 넘는 사람들이 이 전쟁으로 인해 목숨을 잃었답니다.

엄청나게 피해가 컸던 제2차 세계대전

냉전

제2차 세계대전의 종전으로 눈에 보이는 전쟁은 끝났어도 인류는 또 다른 형태의 전쟁에 직면하게 되었어요. 이른바 '냉전(Cold War)'이라 불리는 소리 없는 전쟁이었죠. 냉전의 원인은 이념(Ideology)이 달라서였어요. 이념이란 사람들이 살아가는 모습에 대한 이상향을 말해요. 하나의 진영은 미국을 중심으로 한 '자본주의'가 이상향이라고 믿는 나라들이었고, 또 다른 진영은 '공산주의'가 이상향이라고 주장하는 나라들이었죠. 이 전쟁은 지금도 계속 중이랍니다. 한반도는 현재까지도 남한과 북한으로 분단된 상태죠.

분단된 한반도

자본주의는 '효율성'을 강조한 이념이에요. 뒤에서 설명하겠지만 효율성이란 사람들에게 필요한 재화나 서비스를 최대한 많이 생산하는 것을 의미해요. 자본주의를 따르는 나라들은 재화나 서비스의 생산량이 공산주의를 따르는 국가보다 더 많죠. 하지만 그 대가로 이 나라들은 잘사는 사람과 못사는 사람이 생겨 '형평성'이 희생되는 경우가 많아요. 형평성이란 생산된 재화나 서비스를 모든 사람들이 골고루 나누어 쓰는 것을 말해요. 공산주의는 '형평성'을 강조한 이념이죠. 공산주의를 따르는 나라들은 부자와 가난한 사람 없이 모두가 똑같이 재화나 서비스를 나누어 쓰자고 주장해요. 하지만 공산주의 이념은 인간의 이기심을 너무 과소평가한 것이 가장 큰 문제였죠. 사람들은 자기의 재산이 되지 않는다면 열심히 일하지 않는답니다.

소련의 배급을 기다리는 사람들

5화 효율성과 형평성 간의 선택

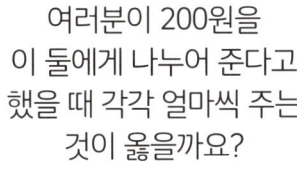

경제 플러스

사회보장제도

1991년에 소련이 해체되면서 공산주의 국가들은 하나둘씩 그들이 오랫동안 지키려고 했던 이념을 포기하기 시작했답니다. 공산주의 국가들은 효율성이 너무 떨어졌기 때문이었죠. 그렇다고 자본주의 국가들에게 문제가 없었던 것은 아니에요. 자본주의 국가들 역시 잘사는 사람은 더 잘살게 되고 못살게 되는 사람은 더 못살게 되는 이른바 '빈익빈 부익부 현상'으로 사회문제가 점점 커지기 시작했죠.

이에 대한 대책으로 자본주의 국가들은 가난한 사람들을 도울 수 있는 '사회보장제도'를 정부의 정책으로 적극 도입하기 시작했답니다.

약한 사람들을 도와주는 정부

사회보장제도는 소득이 적거나 실업·질병·노쇠·재해 등의 사유로 생활에 불안과 위협을 받고 있는 사람들을 위해 국가가 최소한의 인간다운 생활을 보장하기 위해 도입하는 일련의 제도를 말해요. '사회보장(social security)'이라는 말은 1935년 미국에서 사회보장법이 채택되면서부터 널리 사용되기 시작하였죠. 사회보장은 국가가 잘사는 사람들로부터 더 많은 세금을 걷어 이 돈을 못사는 사람들에게 지원하는 구조를 갖추고 있답니다.

사회보장에서 가장 기초가 되는 것은 소득 보장이에요. 세계 대부분의 나라들은 돈을 적게 버는 사람들을 위해 법으로 정해 최소한의 소득을 보장하기 위한 제도가 있답니다.

대표적으로 '최저임금제도'가 있어요.

◆ 미숙련 알바생을 위한 최저임금제도

6화

아르헨티나의 선택

아르헨티나는 비옥한 땅, 곡물 그리고 풍부한 천연자원 등으로

20세기 초만 해도 세계 5대 선진국 가운데 하나였답니다.

이 나라에서는 1910년도에 이미 지하철이 다녔다고 하네요.

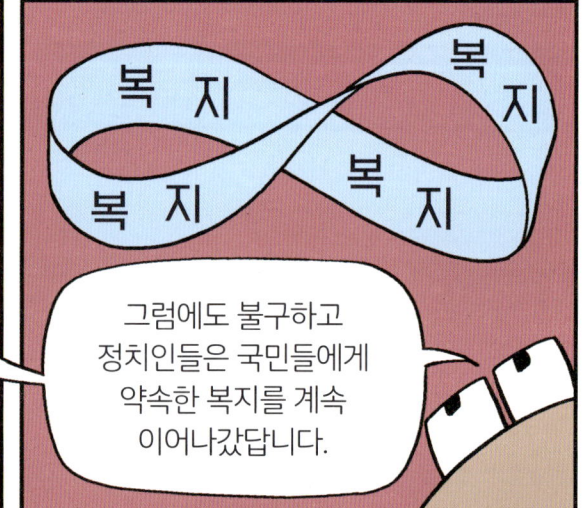

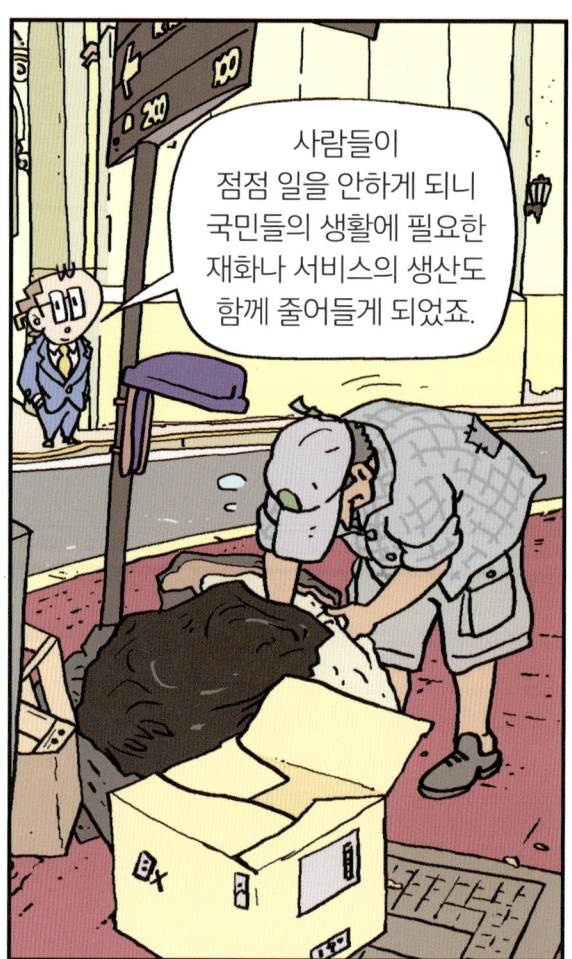

경제 플러스

재정

정부는 치안이나 국방 같은 공공서비스를 생산하는 생산의 주체이기도 하면서 가계처럼 소비를 하는 소비의 주체이기도 해요.

이런 정부의 살림을 '재정'이라고 불러요. 재정은 한자로 '財政'이라고 쓴답니다. 財는 '재물'을 의미해요. 그리고 政은 '나라를 다스리는 일, 즉 정사'를 의미한답니다. 국가의 재정을 기획하고 관리하는 대한민국 행정기관을 '기획재정부'라고 불러요.

재정의 주수입은 국민들로부터 강제로 걷어들이는 '세금'이에요. 이 돈을 바탕으로 정부는 다양한 지출을 하게 되죠. 정부의 수입이 지출보다 많은 것을 '재정흑자'라고 하며, 반대로 지출이 수입보다 많을 경우 '재정적자'라고 불러요.

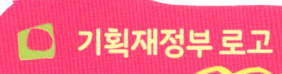

기획재정부 로고

QUIZ!

아르헨티나의 선택의 결과는 재정흑자일까요? 재정적자일까요?

A 아르헨티나 정부의 지출이 수입보다 많았기 때문에 아르헨티나의 선택의 결과는 재정적자입니다.

7화 고교평준화 논쟁

교육제도 역시 사회의 선택이 필요하답니다.

현재 대한민국 대부분의 초등학교와 중학교는 추첨을 통해 학생들을 선발하고 있죠.

학교가 학생을 선발하는 방식에는 추첨만 있는 것은 아니에요.

[일반전형 구술면접]
3 면접관

학교는 추첨이 아닌 학업 성취도에 따라 학생들을 선발할 수도 있어요.

경제 플러스

핀란드의 차별 교육

핀란드는 학교에서의 경쟁을 금지하는 나라입니다. 물론 핀란드 학생들에게도 성적표는 있답니다. 하지만 등수는 없어요. 성적표에는 각자의 수준에 맞게 설정한 목표를 얼마나 달성하였는지만 표시하죠.

핀란드는 초·중등 9년 과정을 마치면 단 한 번의 우열을 가리는 시험을 실시해요. 이 시험의 성적이 좋지 않은 아이는 차별을 받게 되죠. 그런데 그 차별이란 성적이 좋지 않은 학생에게 오히려 1.5배의 돈을 들여 다른 학생과 같은 수준으로 끌어올리기 위한 것이랍니다.

이 나라는 잘하는 학생보다 못하는 학생에게 관심이 더 많아요.

▶ 핀란드의 체육수업

맨큐 쌤의 노트

'세상에 공짜 점심은 없다'라는 속담이 있듯이 우리가 무엇을 얻고자 하면 대개 그 대가로 무엇인가 포기해야 한다. 개인이 시간을 어느 한 곳에 배분하거나 돈을 어느 한 곳에 쓴다면, 그만큼 다른 용도에 사용할 시간이나 돈이 줄어들게 된다. 사회전체의 관점에서도 '대포와 버터'의 사례에서처럼 대포를 선택하면 버터를 포기하게 되며, 버터를 선택하면 대포를 포기하게 된다.

정책수립과정에서 효율성과 형평성의 상충관계를 고려하여야 한다. 효율성(efficiency)이란 제한된 희소자원으로 최대의 효과를 얻는 것이며 형평성(equality)이란 경제 발전의 혜택을 사회 구성원에게 균등하게 분배하는 것이다. 사회복지제도, 실업보험제도 및 개인소득세 제도는 경제적으로 어려운 사람들을 돕기 위한 수단으로 형평성을 높이지만 경제적 효율성은 낮춘다. 경제학 공부는 바로 이런 현실의 상충관계를 이해하는데서부터 시작한다.

맨큐 쌤의 연습문제

정답은 90페이지에

 단어와 단어에 대한 설명을 바르게 연결해 보자.

재화 ●   ● 재화와 서비스를 만드는 것

서비스 ●   ● 형태가 없으면서 인간의 만족을 충족시켜 주는 사람들의 활동이나 작용

생산 ●   ● 사람이 바라는 바를 만족시키는 형태가 있는 물건만을 뜻함

소비 ●   ● 생산자들이 생산한 재화나 서비스를 사람들이 구입하여 사용하는 것

효율성 ●   ● 국가가 최소한의 인간다운 생활을 보장하는 제도

형평성 ●   ● 이윤추구를 위해 재화와 서비스를 생산하는 조직

사회보장제도 ●   ● 제한된 자원으로 최대의 효과를 얻는 것

기업 ●   ● 경제 발전의 혜택을 사회 구성원에게 균등하게 분배하는 것

 다음 내용을 읽고 맞으면 O, 틀리면 X로 표시해 보자.

(1) 영국에서 발생한 '대포냐 버터냐'의 논쟁에서 대포는 사회보장비를 의미하며, 버터는 군사비를 의미한다. (   )

(2) 버스 기사가 운전하여 승객을 이동시키는 것은 재화에 해당된다. (   )

(3) 형평성이 파이의 크기를 나타내는 개념이라면, 효율성은 파이를 나누는 방법에 관한 개념이라고 할 수 있다. (   )

(4) 현재의 소비가 늘어날수록 저축이 감소하여 그만큼 미래의 소비는 줄어들게 된다. (   )

(5) 추첨을 통해 고등학교에 학생을 배정하는 '고교평준화'는 형평성보다 효율성을 강조하는 정책이다. (   )

03 아래의 정책을 읽고 효율성과 형평성의 관점에서 서술해보자.

"장애인 전용 주차구역은 거동이 불편하거나 어려운 장애인들을 위해 만들어졌다. 주차된 차에 보행상 장애가 있는 자가 탑승한 경우만 주차할 수 있다. 장애인 전용 주차구역은 통행이 쉽도록 주차공간이 넓고 입구와 가깝다. 장애인이 아닌 사람이 장애인 전용 주차구역에 주차하면 벌금을 부과 받게 된다."

정답

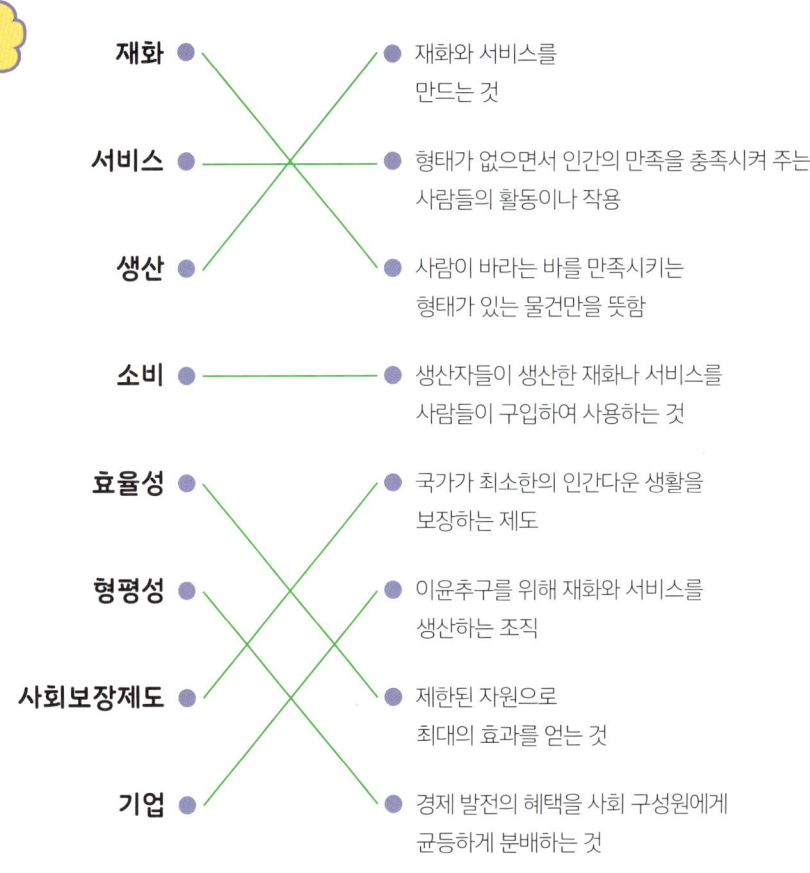

02 (1) 정답 : ✕

'대포냐 버터냐'의 논쟁에서 대포는 군사비를 의미하며, 버터는 사회보장비를 의미한다.

(2) 정답 : ✗

　버스 기사가 운전하여 승객을 이동시키는 것은 재화가 아닌 서비스(용역)에 해당된다. 서비스는 형태는 없으면서 인간의 만족을 충족시켜 주는 사람들의 활동이나 작용이기 때문이다.

(3) 정답 : ✗

　형평성이 파이를 나누는 방법에 대한 개념이라면, 효율성은 파이의 크기를 나타내는 개념이다.

(4) 정답 : O

　가계는 가계의 소득으로 현재의 소비를 하거나 미래를 위해 저축할 수 있다.

　가계의 소득 = 현재의 소비 + 미래를 위한 저축

　따라서 현재의 소비가 증가하면 미래를 위한 저축이 감소한다. 저축이 감소하면 미래의 소비는 줄어들게 된다.

(5) 정답 : ✗

　'고교평준화'는 형평성을 강조하는 정책이며, '고교비평준화'는 효율성을 강조하는 정책이다.

 장애인들을 위해 주차공간을 따로 마련해 두는 정책은 효율성은 떨어지지만 형평성을 증진시킨다.

장애인 전용 주차구역은 주차공간이 넓고 비장애인들은 이용할 수 없어서 많은 주차공간이 평상시에는 사용되지 못해 비효율성을 수반한다.

반면 주차에 있어 장애인들이 받는 혜택으로 인해 장애의 불편함을 어느 정도 상쇄해, 비장애인들과의 형평성이 증진된다.

2장

**선택의 대가는
그것을 얻기 위해
포기한
그 무엇이다!**

8화 선택의 대가는 그것을 얻기 위해 포기한 그 무엇이다!

9화 기회비용의 계산법

10화 메이저리그에 대학졸업자가 적은 이유

11화 주택 임대료와 통근 기회비용

12화 벤저민 프랭클린의 시간

13화 깨진 유리창 이야기

14화 아이젠하워가 생각하는 전쟁의 기회비용

맨큐 쌤의 노트 | 맨큐 쌤의 연습문제 | 정답

선택의 대가는 그것을 얻기 위해 포기한 그 무엇이다!

여러분은 이제 모든 선택에는 대가가 있다는 사실에는 충분히 동의할 것입니다.

올바른 의사결정을 위해서는

다른 대안을 선택할 경우의 득과 실도 함께 따져보아야 하죠.

어떤 선택을 하기 위해 포기한 모든 것을

기회비용(opportunity cost)이라고 해요.

선택

기회비용

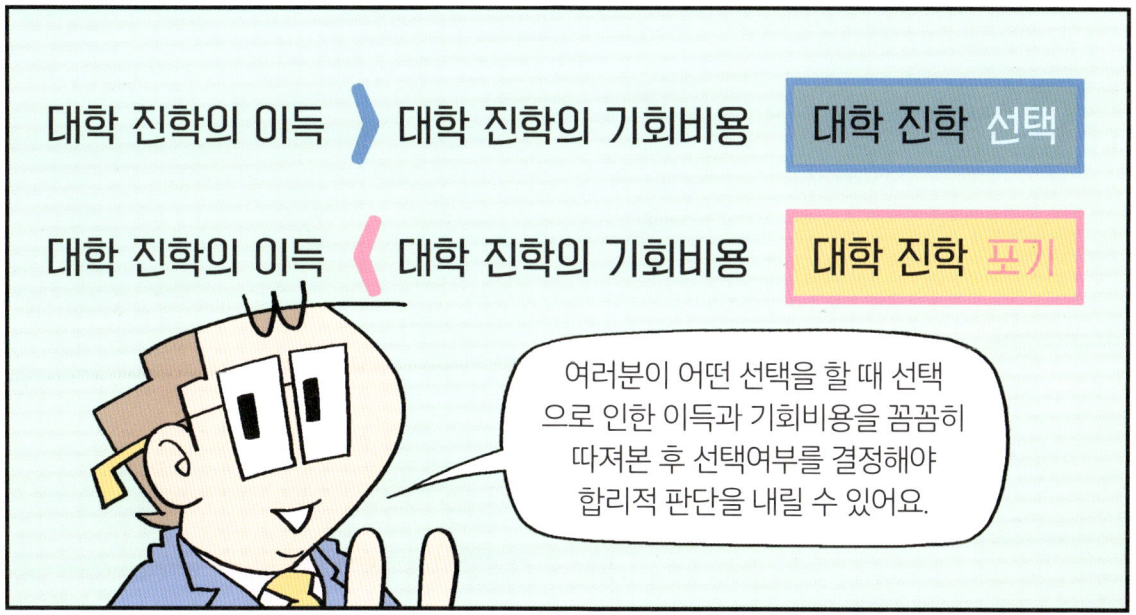

경제 플러스

고등교육 이수율

우리나라 학생들의 대학 진학율은 다른 나라에 비해 높은 편일까요? 아니면 낮은 편일까요? 수많은 개인의 선택을 모아서 보면 한 사회의 모습도 이해할 수 있답니다.

대학진학과 관련해 중요한 사회적 통계에 '고등교육 이수율'이라는 지표가 있어요. 여기서 말하는 '고등교육(higher education)'은 대학교육 뿐만 아니라 대학원교육까지 포함하고 있어요. 고등교육 이수율은 다음과 같이 계산해요. 성인 인구는 25세에서 64세 사이의 사람들을 말한답니다.

$$\text{고등교육 이수율} = \frac{\text{대학교육 또는 대학원교육 이수 성인 수}}{\text{성인 인구 수}} \times 100$$

대학교를 졸업할 때 사각의 학사모를 쓰죠!

우리나라의 2019년 고등교육 이수율은 50%로 조사되었답니다. 이 수치는 세계적으로 잘 사는 나라들의 모임인 'OECD(경제협력개발기구)' 34개국의 평균인 39.6%에 비교해도 높은 편이에요.

성별로 나누어 보면 여성의 고등교육 이수율이 76.5%로 남성의 비율 63.8%보다 더 높게 나왔죠. 다음은 2019년에 조사된 세계 주요 국가의 고등교육 이수율이에요.

QUIZ!

위의 표에 따를 때 2019년의 고등교육 이수율이 가장 높게 나온 국가는?

A 캐나다입니다.
이 국가의 고등교육 이수율은 59.4%로 나왔죠.

기회비용의 계산법

대학진학같이 큰 선택에서만 기회비용을 계산하는 것은 아니에요.

여러분 삶의 작은 데에서도 기회비용을 계산하면 선택에 많은 도움을 받을 수 있죠.

가령 여러분이 수학시험을 앞두고 있는 상황을 생각해봅시다.

여러분은 수학시험 때문에

이번 일요일에 공부를 해야 하는 상황이에요.

경제 플러스

총수입, 총비용, 이윤

편의점 사장님 같은 '생산자'에게 선택에 대한 이득과 기회비용은 다음과 같은 말로 대체할 수 있어요. 먼저 이득은 '총수입'이라고 불러요. 총수입은 재화나 서비스의 공급자가 생산물의 판매로 얻는 모든 수입을 말한답니다. 따라서 다음과 같이 계산할 수 있어요.

총수입 = 재화나 서비스의 가격 × 판매량

예를 들어 라면 500개를 개당 1,000원에 판매하였다면 총수입은 다음과 같아요.

총수입 = 1,000원 × 500개 = 500,000원

3분이면 요리 완성!

편의점을 운영하기 위해서는 물건의 구입비용과 점원에 대한 인건비 등 관리비용도 발생하죠. 이 모든 금액을 더해 '총비용'이라고 불러요. 여러분은 앞에서 기회비용은 명시적 비용과 암묵적 비용으로 구분할 수 있다고 배웠습니다.

생산자가 말하는 총비용이란 이 기회비용에서 말하는 명시적 비용만을 의미하죠. 따라서 총수입에서 총비용을 뺀 이윤이 플러스(+)가 되었다고 마냥 좋아할 일은 아니에요. 왜냐하면 암묵적 비용까지 생각하면 손해일 수도 있기 때문이죠.

이윤 계산은 너무 헷갈려!

10화
메이저리그에 대학졸업자가 적은 이유

야구는 미국의 국기 스포츠에요.

야구만큼 미국인들의 문화와 생활이 잘 반영된 스포츠는 없죠.

그리고 프로야구리그인 '메이저리그'는 세계 야구선수들에게 꿈의 무대랍니다.

경제 플러스

야구와 통계

야구선수도 게임 플레이어처럼 '스탯'으로 평가할 수 있답니다. 스탯(stat)은 통계(statistics)를 줄여서 쓴 말이에요. 통계란 어떤 현상을 종합적으로 한 눈에 알아보기 쉽게 숫자로 나타내는 것을 말하죠. 야구는 경기 중 발생하는 모든 상황을 숫자와 데이터로 기록할 수 있어 '통계의 스포츠'라고도 불린답니다.

야구에서 사용되는 대표적인 스탯에는 다음과 같은 것들이 있어요.

야구도 보고 맛있는 것도 먹고!

● **승률**(Winning percentage)

어떤 팀을 평가하는 대표적인 스탯이 승률이에요. 승률은 어떤 팀이 경기에서 이긴 비율을 말해요. 프로야구에서 각 팀의 순위를 결정하는 데 이용되며 다음과 같이 계산하죠.

승률 = 승리한 경기의 수 ÷ 전체 경기의 수

따라서 승률이 높은 팀일수록 좋은 팀이 되죠.

● **타율**(Batting Average : AVG)

타율은 안타 수를 전체 타수로 나눈 값이죠. 이때 유의할 점은 희생 번트와 희생 플라이, 볼넷, 몸에 맞은 공, 타격 방해 혹은 주루 방해로 인한 1루 진루의 경우에는 아예 전체 타수에서 뺀답니다.

타율 = 안타 수 ÷ 전체 타수

타율은 타자로서의 능력을 평가하는 대표적인 스탯이랍니다. 이 비율은 높을수록 좋아요.

● **방어율** (earned run average : ERA)

투수를 평가하는 대표적인 스탯에 방어율이 있어요. 방어율은 투수가 한 게임 동안 내준 자책점의 평균율을 말해요.

방어율 = (총 자책점 × 9) ÷ 등판 이닝수

방어율을 계산할 때 사용되는 점수는 실점(失點)이 아니라 자책점이에요. 자책점에는 야수의 실책이나 해당 투수가 진루시키지 않은 주자에 의해서 난 점수는 포함하지 않는답니다. 따라서 방어율이 낮은 투수일수록 몸값이 올라가죠.

◆ 방어율이 낮을수록 높은 연봉을 받죠!

QUIZ!

류현진 선수는 베이징 올림픽에서 17이닝을 등판하는 동안 총 2점의 자책점을 기록했습니다.
류현진 선수의 방어율(ERA)은 얼마인지 계산해 보세요.

A 방어율 = (총 자책점 × 9) ÷ 등판 이닝수
= (2점 × 9) ÷ 17이닝 = 1.06

경제 플러스

인구주택총조사

세계 대부분의 나라는 그 나라 국민들의 거주환경을 주기적으로 조사한답니다. 우리나라에서는 그것을 '인구주택총조사'라고 불러요.

인구주택총조사는 모든 내국인 및 외국인과 주택에 대한 규모 및 특징을 알기 위한 국가의 기본적인 통계조사 중에 하나랍니다.

이 조사는 5년마다 이루어지고 우리나라 전체 가구의 20% 표본을 선정하여 현장조사를 실시하고 있어요. 다음은 2020년 자료에 의한 통학과 통근에 관련한 조사결과에요.

한국사람 5명 중 한 명은 서울에 살아요!

통학(通學)은 학생이 학교에 가거나 학교에서 집으로 돌아오는 것을 통칭하는 말이에요. 2020년 인구주택총조사에 의하면 우리나라 학생들의 평균 통학시간은 26.2분으로 조사가 되었답니다. 통학인구의 주된 교통수단은 다음과 같이 조사가 되었어요.

1위 : 걸어서(40.3%)

2위 : 시내·좌석·마을버스(23.3%)

3위 : 통근·통학차량(10.7%)

4위 : 지하철(8.8%)

즐거운 하교시간!

통근(通勤)은 여러분의 부모님처럼 직장인이 직장에 근무하기 위해 출근하고 다시 퇴근하는 말을 통칭하는 말이에요. 2020년 인구주택총조사에 의하면 우리나라 직장인들의 평균 통근시간은 30.8분으로 조사가 되었답니다. 통근인구의 주된 교통수단은 다음과 같이 조사가 되었어요.

1위 : 승용차·승합차(50.8%)
2위 : 걸어서(13.8%)
3위 : 시내·좌석·마을버스(11.4%)
4위 : 지하철(9.6%)

🔲 **퇴근시간 지하철의 지쳐보이는 사람들!**

12화 벤저민 프랭클린의 시간

한 나라의 지폐에는 보통 그 나라 위인들이 모델로 등장해요.

미국 1달러 지폐에는 초대 대통령인 조지 워싱턴이,

5달러 지폐에는 미국인에게 가장 존경받는 대통령인 아브라함 링컨이 등장하죠.

대통령이 아닌 인물로는 두 명이 있답니다.

경제 플러스

시간의 중요성

'빠삐용'은 가혹한 형무소에서 탈출을 성공한 어떤 종신수의 실화를 바탕으로 만들어진 프랑스 영화입니다. 빠삐용은 무죄였지만 외딴섬에서 14년간 옥살이를 했지요. 너무나 억울했던 빠삐용은 어느날 꿈을 꾸게 됩니다.

그는 꿈속에서 심판관들에게 '내가 무슨 죄를 지었느냐'고 따지듯 물었답니다. 심판관의 대답은 단호했죠. 그의 죄는 '인생을 낭비한 죄!'라고. 사람들은 시간의 가치를 쉽게 무시해요. 여러분이 배운 것처럼 시간을 기회비용으로 여기는 사람은 흔치 않답니다.

▶ 꿈속의 법정에 서있는 빠삐용

13화 깨진 유리창 이야기

프랑스의 경제학자 프레드릭 바스티아는 1850년에 '보이는 것과 보이지 않는 것'이라는 에세이를 발표했답니다.

그는 여기에 나오는 '깨진 유리창의 우화'를 통해 경제 전체의 입장에서 기회비용을 어떻게 이해해야 하는지에 대해 잘 설명하고 있어요.

경제 플러스 — 경제주체

경제주체는 크게 가계, 기업, 정부, 외국으로 구분할 수 있어요. 가계는 재화와 서비스를 소비하는 주체로서 소비 활동을 하죠. 기업은 소비자에게 필요한 재화와 서비스를 생산하는 생산 활동의 주체예요. 정부는 국방이나 치안 서비스를 생산하는 생산의 주체이자 가계처럼 생산물을 소비하는 소비의 주체이기도 해요. 한 나라는 수출을 통해 재화를 외국에 보내기도 하고 반대로 수입을 통해 외국의 생산물을 그 나라에서 소비하기도 하죠. 외국 역시 생산과 소비의 주체로서 활동한답니다.

정부가 엉망이면 경제도 엉망이 되죠!

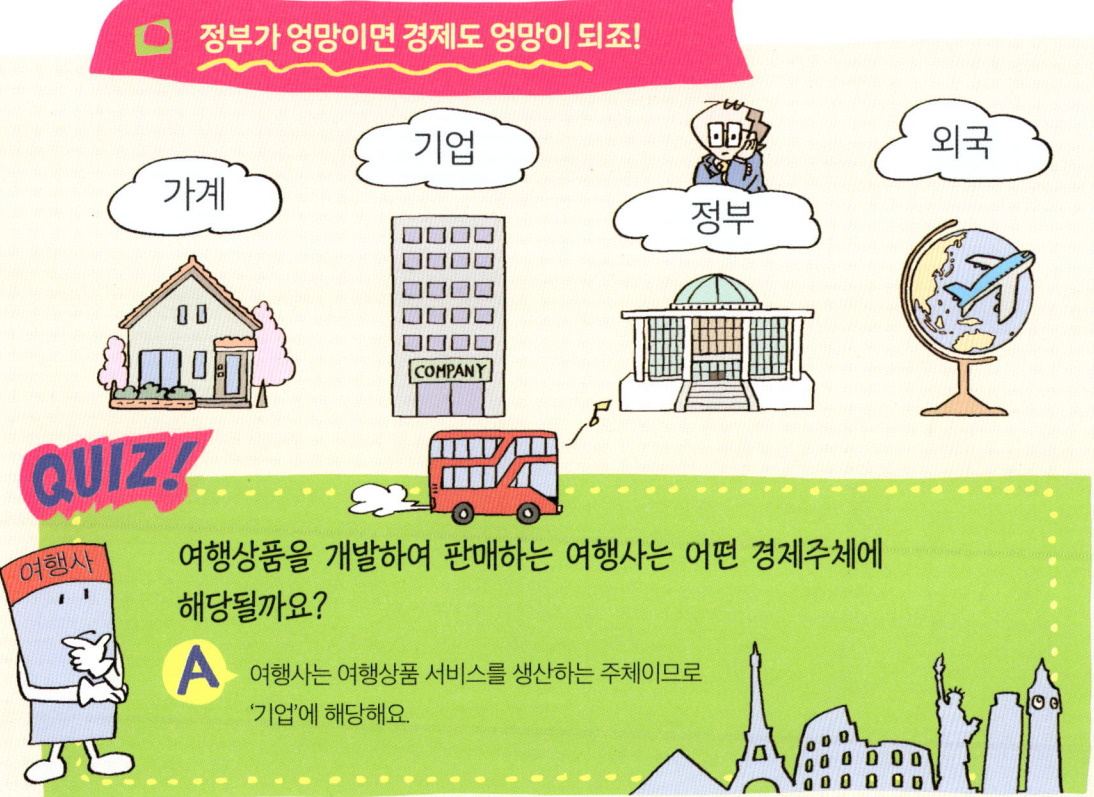

QUIZ!

여행상품을 개발하여 판매하는 여행사는 어떤 경제주체에 해당될까요?

A 여행사는 여행상품 서비스를 생산하는 주체이므로 '기업'에 해당해요.

아이젠하워가 생각하는 전쟁의 기회비용

우리는 앞에서 정부가 '대포냐 버터냐'의 사회적 선택을 두고 자주 논쟁한다고 배웠습니다.

여기에 대한 현명한 결정 역시 기회비용을 구체적으로 계산할 때 가능하죠.

전쟁의 기회비용은 정부가 처한 상황에 따라 달리 계산된답니다.

전쟁이 끝난 후에도 정부가 지나치게 높은 군사비용을 유지하는 것은 국민들의 저항을 불러오게 되요.

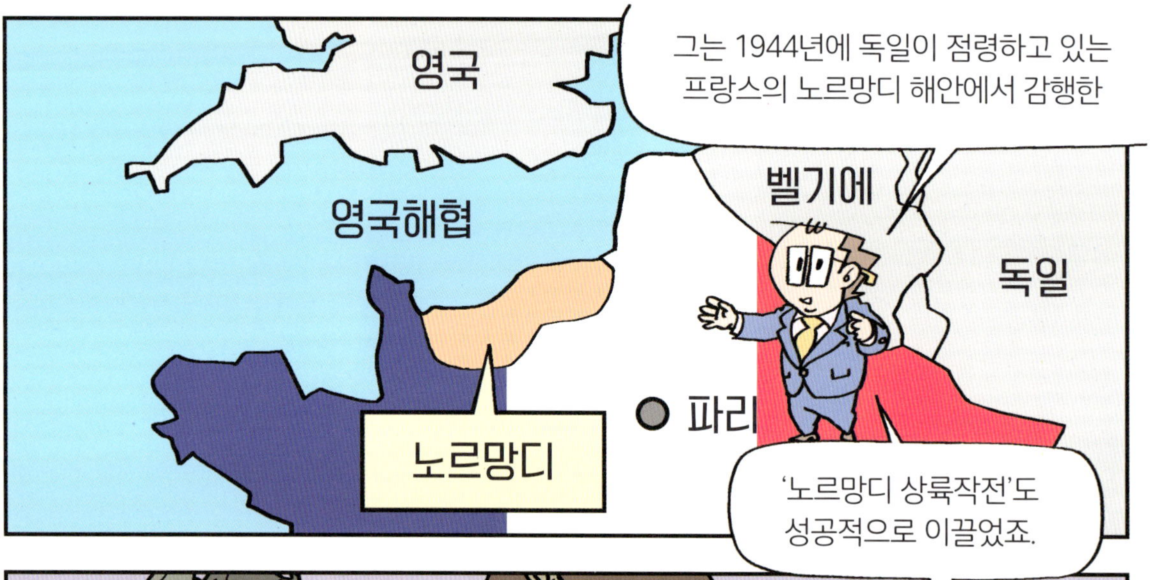

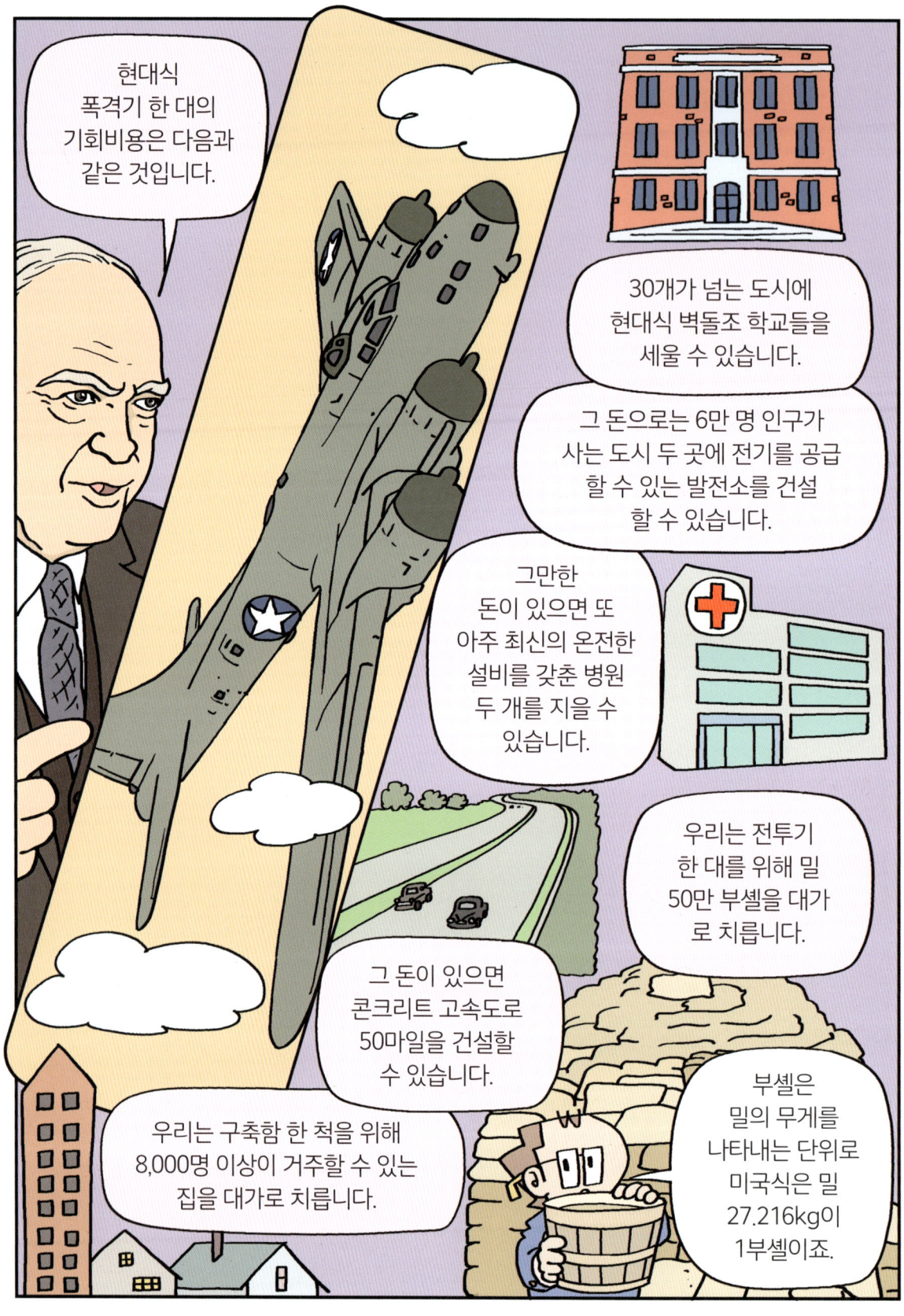

경제 플러스

대기만성

사람들은 아이젠하워를 흔히 '대기만성'형 인간이라고 평가해요. 대기만성이란 큰 사람이 되기 위해서는 오랜 시간과 끈질긴 노력이 필요하다는 것을 비유한 말이죠. 이것에 대비되는 말이 '천재'형 인간이에요. 타고난 재능이 월등한 사람을 의미하는 말이죠.

아이젠하워와 동시대에 활약했던 맥아더(MacArthur) 장군이 이에 해당하죠. 맥아더는 웨스트포인트 육군사관학교를 수석으로 졸업했고 50세의 나이에 대장을 달았어요. 이에 반해 아이젠하워는 웨스트포인트 육군사관학교를 164명 중 61등으로 졸업했고 16년 만에 중령 진급을 할 정도로 진급이 더뎠죠.

■ 웨스트포인트에서 훈련받는 학생들

맥아더가 육군참모총장일 때 아이젠하워는 그의 참모였으며 맥아더가 필리핀 군사고문단장이었을 때는 그의 부관이었죠.

하지만 아이젠하워는 부단한 노력으로 1942년에 소장을 거쳐 중장, 1943년에 대장이 되었어요. 1944년에는 맥아더와 함께 원수로 승진했죠. 이후 맥아더는 트루먼 대통령과의 불화로 퇴역장군이 된 반면 아이젠하워는 미국 34대 대통령에 당선돼 8년 동안 미국을 이끌게 되었죠.

인생은 마라톤과 같아 전반에 잘 달리는 사람이 있는가 하면 후반에 강한 사람도 있답니다. 지금 남보다 뒤처졌다고 좌절할 필요가 전혀 없어요.

마라톤은 자기 페이스를 유지하는 것이 중요!

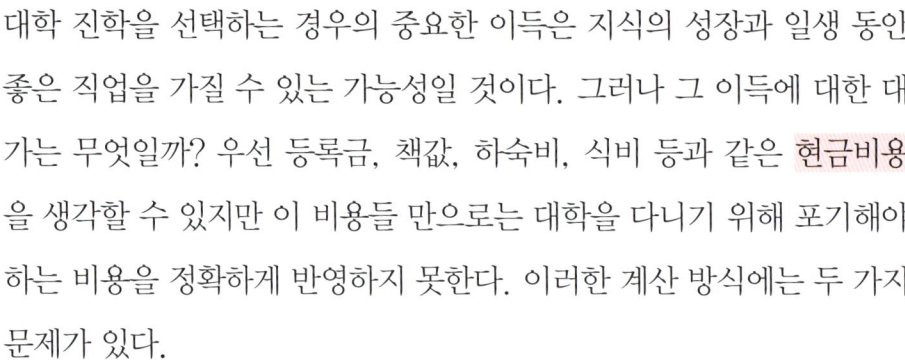

맨큐 쌤의 노트

대학 진학을 선택하는 경우의 중요한 이득은 지식의 성장과 일생 동안 좋은 직업을 가질 수 있는 가능성일 것이다. 그러나 그 이득에 대한 대가는 무엇일까? 우선 등록금, 책값, 하숙비, 식비 등과 같은 현금비용을 생각할 수 있지만 이 비용들 만으로는 대학을 다니기 위해 포기해야 하는 비용을 정확하게 반영하지 못한다. 이러한 계산 방식에는 두 가지 문제가 있다.

첫째, 대학 진학을 선택하지 않는다고 해도 잠자고 먹는 비용은 계속 지불해야 하므로 하숙비와 식비 그 자체는 대학에 다니기 때문에 추가로 지불해야 하는 금액은 아니다. 대학에 다니기 때문에 대학을 다니지 않은 경우보다 하숙비와 식비를 더 부담한다면, 그 차액만큼만 대학 진학을 선택하는 경우의 비용에 포함되어야 한다.

둘째, 대학에 다니는 시간 동안에는 다른 직업에 종사할 수 없다. 따라서 대부분의 학생들에게는 학교 다니는 시간 동안 돈을 벌 수 있는 잠재적 임금소득이 대학에 다니는 가장 큰 비용이 되는 것이다.

기회비용(opportunity cost)이란 어떤 선택을 위해 포기한 모든 것으로 어떤 의사결정을 할 때 올바른 결정을 내리기 위해서는 가능한 모든 선택에 대한 기회비용을 정확하게 아는 것이 매우 중요하다. '깨진 유리창 우화'에서처럼 사람들은 '보이는 것'에 너무 집착하여, '보이지 않는 것'을 소홀히 하여 잘못된 의사결정을 하는 경향이 있다. 유리창이 깨지지 않았다면 빵집주인은 그 돈을 얼마든지 다른 소비행위에 쓸 수 있었기 때문에 '보이지 않는 것'에 해당하는 기회비용을 반드시 고려하여야 한다.

맨큐 쌤의 연습문제

정답은 157페이지에

 단어와 단어에 대한 설명을 바르게 연결해 보자.

암묵적 비용 ●　　　● 어떤 선택을 하기 위하여 포기한 모든 것

통계 ●　　　● 어떤 선택을 위해 현금으로 지출한 비용

경제주체 ●　　　● 어떤 선택을 위해 현금으로 지출하지 않은 비용

기회비용 ●　　　● 어떤 현상을 종합적으로 한 눈에 알아보기 쉽게 숫자로 나타내는 것

명시적 비용 ●　　　● 경제 활동에 참여하는 개인 또는 집단

통근 ●　　　● 경제 행위의 대상이 되는 것

통학 ●　　　● 학생이 학교에 가거나 학교에서 돌아오는 것

경제객체 ●　　　● 직장인이 직장에 근무하러 다니는 것

 다음 내용을 읽고 맞으면 O, 틀리면 X로 표시해 보자.

(1) 여러분은 대학 진학의 이득이 대학 진학의 대가보다 더 크다면 대학진학을 포기할 것이다. (　　)

(2) 개인이나 기업이 올바른 의사결정을 하기 위해서는 '명시적 비용'만을 고려하여야 한다. (　　)

(3) 대졸자와 고졸자의 소득격차가 커질수록 대학진학 포기의 기회비용이 커지므로 높은 대학등록금의 부담에도 불구하고 더 많이 학생들이 대학진학을 원할 것이다. (　　)

(4) 소득수준이 높은 사람일수록 통근 기회비용이 더 크기 때문에 더 높은 임대료를 지불하더라도 도시 내에 거주하기를 원한다. (　　)

(5) 기업은 주로 재화와 서비스를 소비하는 주체로서 생산 활동에 참여하여 얻은 소득으로 소비 활동을 한다. (　　)

03 다음 밑줄에 들어갈 알맞은 문장을 보기에서 골라 써 보자.

"영화 관람의 기회비용은 _____ 이다."

a. 입장권 요금
b. 입장권 요금과 극장에서 구입한 음료수 및 팝콘의 가격
c. 영화 관람을 위해 사용한 모든 지출한 금액과 시간
d. 영화를 재미있게 즐겼기 때문에 관람을 위해 지출한 금액과 시간이 충분히 가치가 있다고 생각한다면 제로

04 당신이 친구와 야구 경기 내기를 해서 100만 원을 땄다고 가정하자. 지금 그 돈을 다 써버리거나 연 5%의 이자를 주는 은행에 예금을 할 수 있다면, 지금 그 돈을 다 써버리는 선택의 기회비용은 무엇인가?

정답

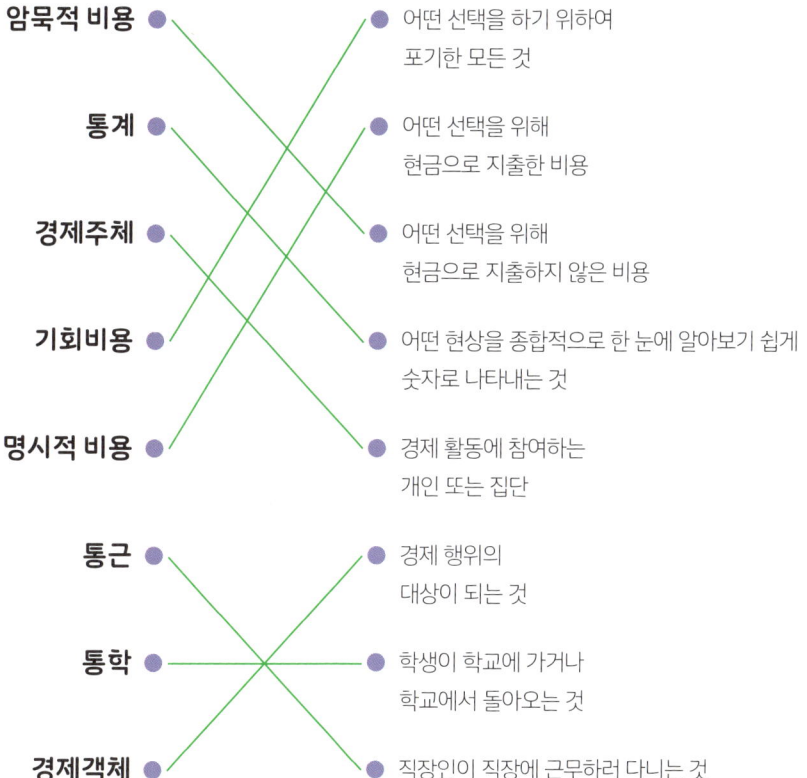

02 (1) 정답 : ✕

대학 진학의 이득이 대학 진학의 대가보다 더 크다면 대학진학을 선택할 것이며, 대학 진학의 이득이 대학 진학의 대가보다 더 작다면 대학진학을 포기할 것이다.

(2) 정답 : ✕

개인이나 기업이 올바른 의사결정을 하기 위해서는 기회비용을 고려하여야 한다. 기회비용은 '명시적 비용'과 '암묵적 비용'의 합이므로 개인이나 기업이 올바른 의사결정을 하기 위해서는 '명시적 비용' 뿐만 아니라 '암묵적 비용'도 고려하여야 한다.

(3) 정답 : O

대졸자와 고졸자의 소득격차가 커질수록 대학진학 포기의 기회비용이 커지므로 학생들은 대학진학을 원할 것이다.

(4) 정답 : O

사람들은 통근 기회비용이 임대료보다 더 크다면 높은 임대료를 지불하더라도 도시 내에 거주하기를 원한다.

(5) 정답 : ✕

재화와 서비스를 소비하는 주체는 '기업'이 아닌 '가계'이다.

03 정답 : c

영화관람의 기회비용은 우선 현금비용(입장료, 극장에서 구입한 음료수 및 팝콘의 가격 등)에 시간비용을 더해야 한다. 시간비용은 그 시간을 다른 어떤 용도에 사용하는가에 달려있다.

04 지금 100만 원을 연 5%의 이자를 주는 은행에 예금을 하면 1년 후에 원금 100만 원과 이자 5만 원(=100만 원×5%)을 합한 105만 원을 얻는다. 따라서 이자가 연 5%일 경우 지금 100만 원을 다 써버린다면 1년 뒤에 105만 원을 소비할 기회를 포기하는 것이다.

3장

인물탐구

애덤 스미스
Adam Smith

1723 ~ 1790

'국민 대부분이 가난하고 비참하게 사는데
그 나라가 부유하다고 말할 수 없다'

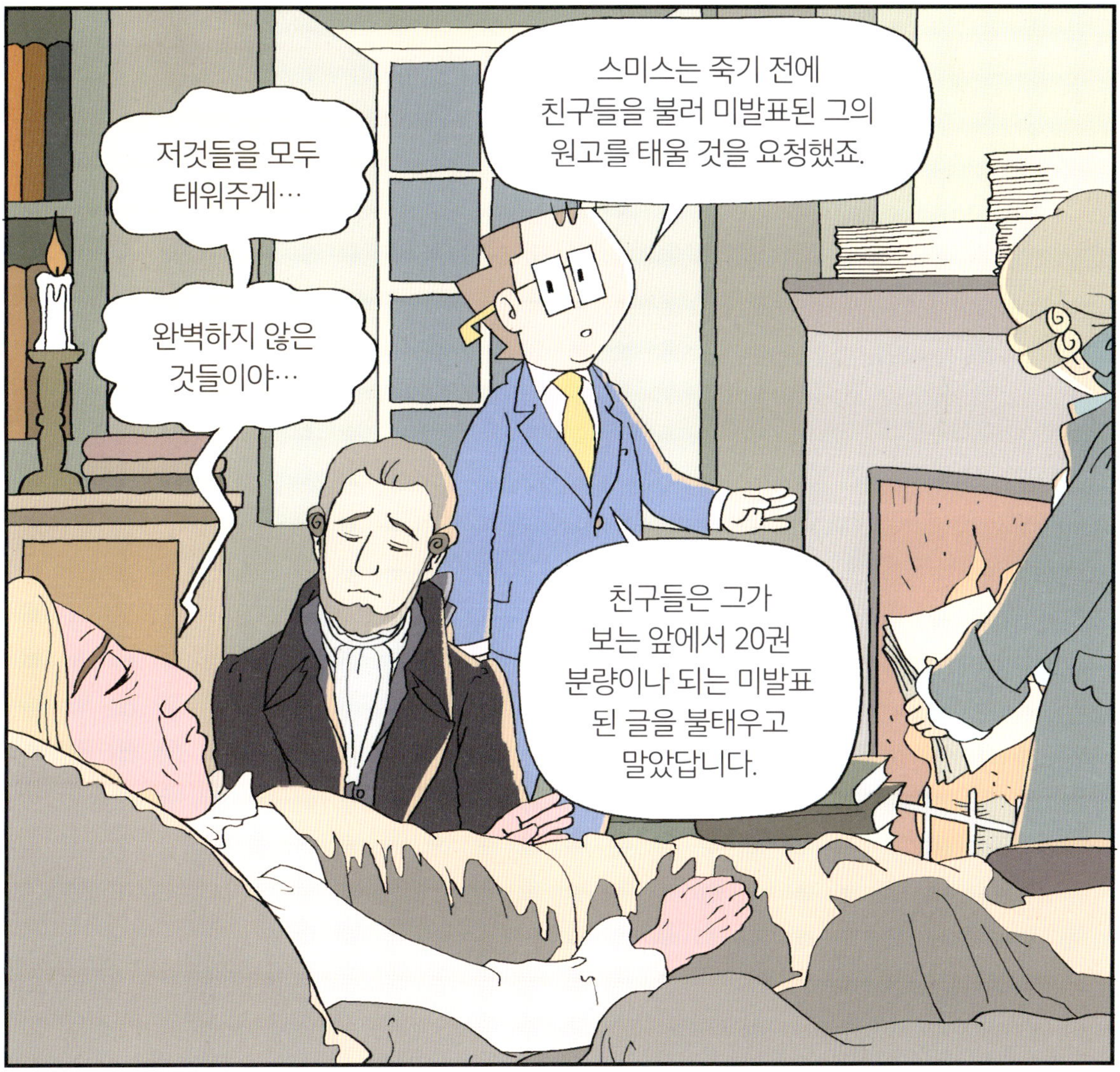

부록

화폐세계지도

- 영국 (파운드) £
- 독일 (유로) €
- 러시아 (루블) ₽
- 대한민국 (원) ₩
- 인도 (루피) Rs
- 중국 (위안) 元
- 일본 (엔) ¥
- 프랑스 (유로) €
- 홍콩 (달러) $
- 이집트 (파운드) £
- 사우디아라비아 (리알) س.ر
- 필리핀 (페소) ₱
- 호주 (달러) $

2022년 8월 5일 초판 1쇄 발행

원저자 | N. Gregory Mankiw
편저자 | 김용석, 김기영
그린이 | 채 안
편집·디자인 | 유진강(아르케 디자인)
인쇄·제본 | 상지사

펴낸이 | 김용석
펴낸곳 | (주) 이러닝코리아
출판등록 | 제 2016-000021
주 소 | 서울시 금천구 가산동 60-5번지 갑을그레이트밸리 A동 503호
전 화 | 02)2106-8992
팩 스 | 02)2106-8990

ISBN 979-11-89168-29-2   77320

* 잘못된 책은 바꿔 드립니다.
* 책값은 뒤표지에 있습니다.

이 책은 저작권법에 의해 보호를 받으므로 어떠한 형태의 무단 전재나 복제를 금합니다.

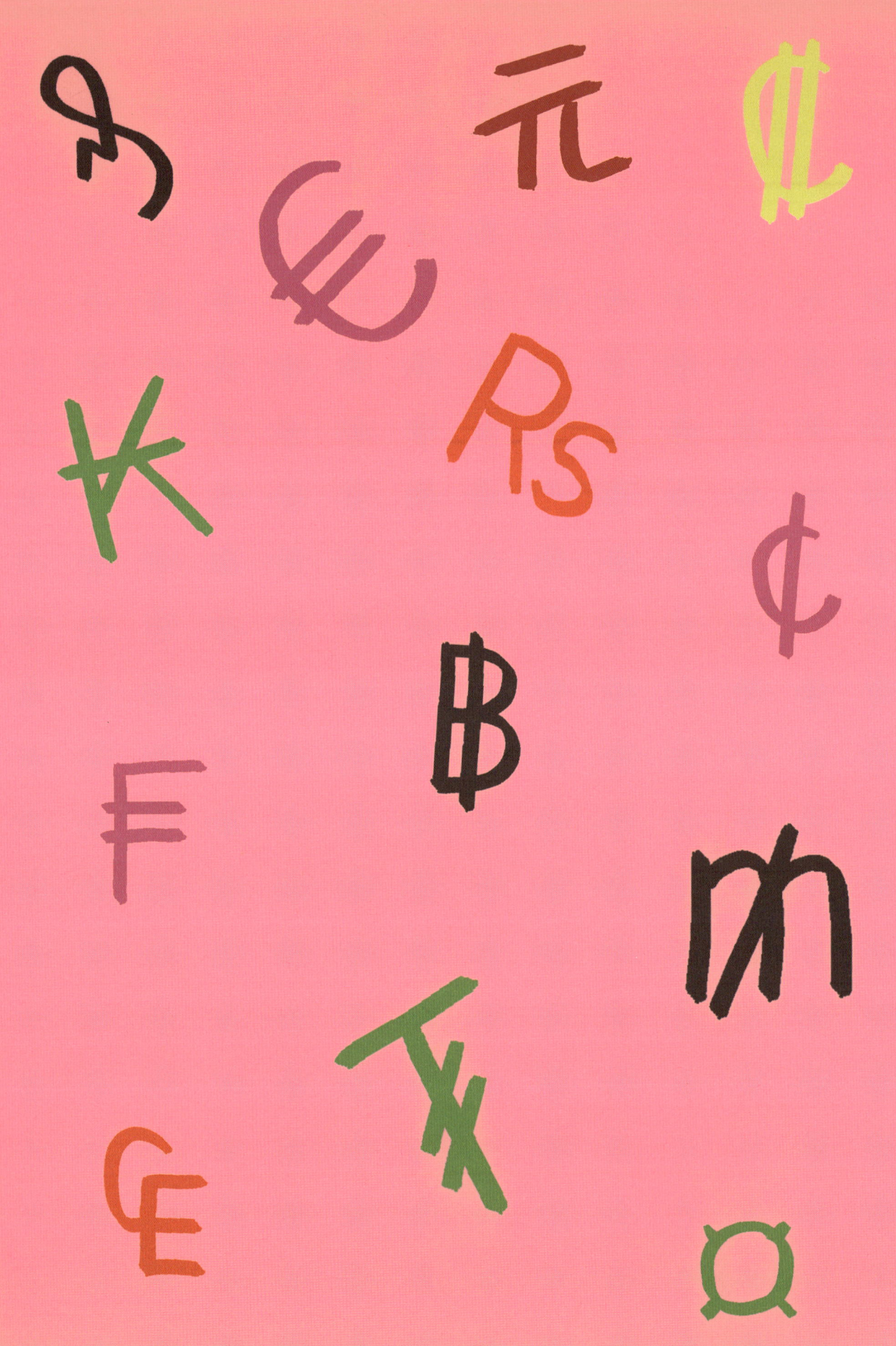